ヤバい会社の餌食にならないための労働法

今野晴貴

幻冬舎文庫

ヤバい会社の餌食にならないための労働法

プロローグ

労働法を武器に自分を守れ！

働く人は悩んでいる

あなたは恋愛や友人関係、家庭での問題以上に「働くこと」に悩んではいないだろうか?

私は労働相談を受けることが多いのだが、このような話をよく聞く。


「会社でいじめられています」

「残業代を払ってもらえない」

「『辞めろ!』と言われてしまいました」

「上司からのセクハラが精神的にキツい」

「有給休暇を取らせてもらえない」

「給料がぜんぜん上がらない」

「試用期間で解雇されてしまった」

といった具合に、悩みがあっても自分だけでは解決できない人がたくさんいるのだ。

これは労働法を知らないからだと思っていたのだが、実情は違うようである。私たちのアンケート調査では、働く人たちの半数以上は労働法の概要を知っているとのこと。でも、**労働法を使って悩みを解決しようとしたことがあるのか、といえば、ほとんどの人がそうではない。**

違法状態を知っていても何もしない人のほうが「多数派」なのだ。

働く人たちの駆け込み寺

私はＮＰＯ法人ＰＯＳＳＥという団体で、働く人たちを支援している。労働相談に乗って手続きの仕方をアドバイスしたり、手伝ったりして、労働者の権利を守るために日々活動している。

また、労働法のセミナーを開いたり、「労働法を活用しよう！」というキャンペーンを打ったり、3000人規模で働く人たちの意識調査をして政策提言（！）をしたりして、みんながまともに働けるような環境を作ろうとしている。

最近では、解雇についてのキャンペーンを行っている。『〝辞めろ〟と言われたときの対応マニュアル』という冊子をハローワークの前で配ることなどもしている。

こういった活動の中でも、メインは労働相談。クビを切られた人、残業代がもらえない人、パワハラ（パワー・ハラスメント）で精神を病んでしまった人たちなどからの電話が日々、鳴り止まない。

POSSEでは、相談を受けて、問題を解決する手助けをしている。相談に乗るだけじゃなくて、弁護士を紹介したり、書類作りを手伝ったり、労働基準監督署へ一緒に行ったりして、**「労働コンサルタント」みたいなことをやっているのだ。**

日本中にはいろいろな「労働コンサルタント」のようなものがあるようだけれど、「いちばん相談しやすかった」という声をよくもらう。手前味噌になってしまうが、働く人たちの立場を考えて、親身になって相談を受けることができるのは、自分たちの持ち味だと思っている。

労働法で「護身術」

法律っていうのは、約束ごと。この社会で何が正しくて何が悪い、ということを定める基準だ。だから、この本で手に入れた労働法テクニックを使っても、会社を出し抜くっていうことではないんだ。

労働法を、きちんとしたルールとして知っておくことは、現代人が働くうえでも重要。社員が労働法を知らないのをいいことに、会社側がやりたい放題になってしまう可能性も否定できない。現に、労働法を無視した経営者はものすごく多いのだ。

労働法を知っておけば、それだけで自分を守ることができる。やりたい放題の経営**者に対する「護身術」ともいえるだろう。**

諦めるな！　自分を責めるな！

ＰＯＳＳＥでの活動を通して、たくさんの働く人たちと出会ってきた。**そこで強く感じたのは、今の日本の我々世代の特徴として「すぐに諦めちゃう」ということ。**

それほどまでに、絶望感が広がっているんだなと感じた。会社に対しても交渉ができないという諦めの広がりがハンパじゃない。

ＰＯＳＳＥでの調査データからも、その絶望感の広がりを強く感じる。５００人の人に聞いたところ、サービス残業や悪辣《あくらつ》なクビ切り、有給休暇を取らせてもらえないなどの違法状態を経験した人が５割以上。**そのときに、何もせずに泣き寝入りした人が、なんと72％にものぼっている。**

なぜ何もしなかったのか、と聞いたときにいちばん多かったのが、「最初から解決できると思わなかった」という答え。

労働法を知っていても「どうしようもない」と、最初から諦めてしまう人がなんと多いこと！　絶望感と諦めのムードが、日本の働く人たちの中にあると、身をもって感じたのだ。

相談を受けていて、いちばん凄《すさ》まじいなあと思ったのは、残業代をもらえていない人に「このケースであれば、残業代くらい、簡単に取り返せますよ」という話をしたときのこと。

「いやあ、私は仕事が遅いですし。それに、この会社を選んだ自分が悪いんですよ」と、自分を責めていたのだ！　このような事例が意外と多いのには、腰が抜けるほどビックリした。

とにかく、みんな「自分が悪いんじゃないか」と思って、諦めてしまっている。

「会社も悪いかもしれないけれど、私も悪いんで」と言って、労働法のノウハウを駆使することをみずから放棄してしまっている人が異常なまでに多いのだ。

でも、はっきり言おう。**あなたたちは会社の奴隷じゃない。会社が違法行為をしたら、それは会社に責任を取らせるべきなのだ。**

会社の将来のために

労働法テクニックを使って会社の悪事をつつくことを、「会社に迷惑をかけそう」と思って、裏切った気持ちになる。そこで、一歩先に進むことを思い留まる人がものすごくたくさんいる。

まさに、そこに大きな壁があるといってもいいくらいだ。

労働法上の主張をするとか、団体交渉で会社側と話し合いをする、っていうことは、上司や会社をヤリ玉にあげて攻撃することじゃない。**会社自体の体質について、改善を求めていくということなんだ。**

上司が毎日パワハラをしてあなたを辞めさせようとしてきても、その上司は会社の命令を受けて仕事をしているわけだ。

「解雇はするな。ただ現場のほうで圧力をかけて、使えないヤツは辞めさせるように持っていけ」というような方針が会社上部から出ているかもしれない。

そういうことをさせられている上司だって辛いはずだ。それに、あなたが諦めて会社を辞めてしまったら、また違う誰かが標的にならないとも限らない。

このような場合、会社全体の体質を変えていくことが大事。経営者や会社全体の問題として、法的な問題を指摘していくということは、**上司や同僚、部下たちの「これから」に報いることになるわけだ。**ここで我慢して、諦めて、ただ辞めてしまうのは、上司や同僚たち、ひいてはこれから入社してくる社員たちをも見捨ててしまうことになる可能性だって否定できないのである。

そうした違法行為に歯止めをかける。その瞬間は会社もダメージを受けるかもしれない。**でも、長期的には、それが会社の将来的な発展につながるのだ**（汚いやり方をし続けている会社は、社会からまったく相手にされなくなって、そのうち潰《つぶ》れてしまうだろうしね！）。

これが、労働法の正しい使い方なんだ。あなたは何ひとつ間違っちゃいない。

労働法テクニックを使いまくろう！

この本ではマジで使える労働法のテクニックだけを紹介していく。

どう使うかはあなた次第。自分が使えそうな話だけをかいつまんで読んでもらってもかまわない。

自動車事故にたとえると、会社はダンプカー。従業員は50 ccのスクーターみたいなものだ。ダンプカーはものすごく強い力を持っているのだから、会社と対等な立場に立つためには、労働法のノウハウは欠かせないのである。

これからの時代は、会社に人生を預けてはいけない。自分の身は自分で守る必要がある。そのための強力なツールが労働法なんだ。

「弱者のために！」とまでは言わないけど、この本があなたの役に立つことを祈っている。

では、ページをめくってみよう。

ヤバい会社の餌食にならないための労働法／目次

プロローグ

労働法を武器に自分を守れ！

PART 1【セクハラ・パワハラ編】

非常識な上司につける薬とその効用

PART 2【サービス残業代編】

『しごとダイアリー』は強力な武器になる！

PART 3【休暇取得編】

病欠で2年間もの有給休暇が！

PART 4【給料アップ編】

どんどん年収が上がる「仕組み」実践法

PART 5【「辞めろ！」と言われたとき編】

逆境をチャンスに変えるテクニック

PART 1
【セクハラ・パワハラ編】

非常識な上司につける
薬とその効用

猥談もセクハラになりえる

「言うこと聞かないと、給料下げちゃうよ（微笑）」
「僕の愛人にならないか？（微笑）」
などと、上司が権力を笠に着てセクシャルなことを部下に強要するのは、何も映画やドラマに限った話じゃない。**現実にセクハラは起こっているし、訴えるのにはグレーゾーンの問題も多く、困っている人はたくさんいるだろう。**

こういうセクハラを「対価型セクハラ」という。権力を下心のために利用する、愚かな上司がやることだ。

また、職場にヌードのポスターを貼っていたり、異性の噂話を流したりするタイプのセクハラもある。あるいは、なんだか分からないけど、**みんながいつも猥談《わいだん》をしているような職場もあるかもしれない。**そんなヤツらがいたら、まともに仕事をできるわけがない！

これらは業務の遂行に支障をきたしていて、**「環境型セクハラ」**と呼ばれている。働く環境がまともであるべきなのに、それを提供しない会社が悪い、ということで、会社を訴えることができるのだ。もちろん、「環境型セクハラ」で、賠償金を支払われた判例もある。

セクハラ上司は訴えられる

「どの行為がセクハラだ」というふうに、具体的に規定している法律はない。何がセクハラになるかは、社会の常識や一般的な考え方によって変わってくる。

そうなると、セクハラになることとセクハラにならないこととの境がものすごくグレーになる。セクハラ上司を訴えることは人の捉え方の違いによるところも大きいので、かなり難しい。**ただ、明らかに被害が出ているような場合は、セクハラをした側は厳しく罰せられるのが基本だ。**

「対価型セクハラ」でいえば、セクシャルなことを要求されたときに、断ってもＯＫであればセクハラにはなりにくい。逆に、断ったときに配置転換や減給などの嫌がせをされたら、これは明確なセクハラだ。

また、上司のセクハラが原因で精神的に病んでしまった人。こういう人は診断書を医者に出してもらって、「これだけ損害を受けた！　賠償してくれ！」と裁判で訴えることができる。

それから、セクハラがあったせいで仕事ができなくなり、えらい迷惑を受けた人。先ほどの「環境型セクハラ」のようなケースで業務に支障をきたしたら、それはその時点で裁判モノだ！

「セクハラ上司が自分の周りをうろついて、仕事に集中できない」といったことでも、じゅうぶん被害に値する。

セクハラ上司が会社の外でセクハラしてきたときにも、会社を相手取って訴えることができる。判例もあることだし、会社も言い逃れていては済まされない。

ちなみに、レイプは強姦罪。無理やり体を触るのは強制わいせつ罪。マジで刑事罰なので、**露骨に触ったらその時点でアウトだ！**

パワハラ・ブーム到来!?

「『こんな働きぶりじゃあ、地方に飛ばしちゃうよ』と言われました」（32歳・男性・営業職）

「『君は残業して、朝まで残ってやっても当然だもんな』と無茶ブリをされました」（29歳・女性・システムエンジニア）

「上司に自分の意見を言ったところ、気に入らなかったらしく、狭い部屋に閉じ込められて仕事をさせられました。それも2週間以上」（24歳・男性・事務職）

「本気ではないと思いたいのですが、仕事が遅れてしまっていたところ、『お前、殺されたいのか？』と上司に言われました」（35歳・男性・IT関係）

などといった声があるように、パワハラが日常化している職場は本当に多い。まったく困ったものだ。

上司の立場をいいことに、部下の人格否定までする輩《やから》がいる。これでは、ふつうに働ける環境などありえるはずがない！

東京都の労働相談窓口では、会社内でのいじめ・嫌がらせについての相談が近年、急増しているようだ。２０１２年度、職場のいじめ・嫌がらせに関する労働相談は７９６２件。私がＰＯＳＳＥを立ち上げた２００６年度より３６８５件（86％）も増加した。

会社内でのいじめは、もはや他人事ではなくなってきている。

「人格否定」はパワハラになる

これもセクハラと同様に、「どの行為がパワハラだ」というふうに、具体的に規定している法律はない。グレーゾーンがかなり大きいのだ。

先ほど「狭い部屋に閉じ込められて仕事をさせられた」という声があったが、これと似た話で**『セガ・エンタープライゼス事件』**というものがある。

これは、辞めさせたいと思っていたのに辞めない社員を無理やり退職に追い込むために、**窓もない密室、『パソナルーム』という部屋にぶち込んで、鞄《かばん》も筆記用具もいっさい持たせないで1日中過ごさせる、という過酷なパワハラだ。**

そうなると、気が狂っちゃうよね。

裁判で争った結果、これは人権侵害だということになって、セガ・エンタープライゼスは多額の賠償金を払うことになった。

このように「いじめ」が明らかな人権侵害になったときに、これは完全なパワハラになる。賠償金を支払わせることができるのだ。

あとは、上司との諍《いさか》い。これは微妙で難しい問題だ。

仕事をしている中で部下がなんらかのミスをしたときに、「お前、この仕事はさっき言ったようにやれよ！」と上司が語気を荒げてしまうようなケースはどこにでもあるし、ある程度仕方がない部分もある。

それを「パワハラだ！」と言いはじめたらキリがない。

仕事の内容についてやり取りしている分には、わりとセーフである場合が多い。パワハラだとはみなされないのだ。

ところが、

「お前はそもそもバカなんだよ！」

「お前はマザコンだからそうなるんだ」

「お前は高卒だからだ」

といった仕事とは関係ない人格否定みたいなことを言ったとしたら、これはパワハラになる。

仕事の内容とはまったく関係のないところで上司が部下を痛めつけるのは、基本的

にパワハラになるのだ。

仕事の内容の話でも、毎日何時間も叱責《しっせき》されたり、机をたたくなどして暴力的にしかりつけたりする場合、パワハラになるケースもある。

あるいは「辞めさせるぞ」などと権力を振りかざして脅《おど》しつけているような場合も、同じように考えられる。

これらの理由で精神を病んでしまったり、会社で働き続けることが難しくなったりすれば、パワハラになるだろう。

セクハラ・パワハラには〝メモ〟が効く

このようなセクハラ・パワハラを訴える際にはメモが効いてくる。いつ、どこで、誰が、どのような発言をしたのか、どういった経緯でセクハラやパワハラを受けたのか、などをメモしておけばいい。**メモは〝証拠〟としての法的効力を持つのだ**（詳しくは45ページ参照)。

また、ICレコーダーやテープレコーダーなどで相手の発言を録音するのも有力な証拠になるのだ。精神的に病んでしまった場合には、医者の診断書ももちろん取っておこう。

あと、同じ職場環境で、同じように精神的に病んでしまった人がいた場合は、かなり有利になる。

たとえば、ある部長の下で働く人が続々うつ病になっていく、というような職場であれば、「うつ病になるヤツが悪い」とはならず、「うつ病にさせてしまう職場・上司が悪い!」ということになりやすい。

労働時間も大きなポイントになる。

会社側が長時間労働を無理強いさせているケースも少なくないので、出勤時刻や退社時刻をしっかりメモしておこう。長時間労働の証拠と診断書があれば、裁判になったときに勝てる可能性がかなり高くなる。

「日本労働弁護団」を頼ろう！

セクハラとパワハラを訴える場合には、労働審判制度（123ページ参照）か裁判で争うことになる。被害があれば、それについて賠償金を請求できるのだ。それに、職場環境を是正《ぜせい》させることもできる。

でも、一人で争うのは難しい。弁護士を探さなければならなくなる。

ここで頼りになるのが、「日本労働弁護団」である。なんとも分かりやすいネーミングの団体だ。

ここでは電話で労働無料相談をやっている。週3回、月曜日、火曜日、木曜日の15時から18時までやっているから、そこで事情を話して、「誰か紹介してください」と言うのがいちばん手っ取り早い（電話番号は03-3251-5363、5364。詳しくは、巻末の『労働相談電話帳』参照）。

自分で弁護士を探しても、多くの弁護士がハズレだ。下手な弁護士に当たって、金だけむしり取られる可能性すらある。やめておいたほうがいい。

なぜかというと、弁護士は個人相手に裁判を手伝っても儲からないから、取引先が企業であることが多い。それゆえ企業寄りの考え方をしている人がとても多く、そのうえ労働に関する裁判などやったことがない人がほとんど。「**お前の働くことへの態度が甘い**」などと言われて、金だけ取られたという人もいる。

日本労働弁護団は、企業側ではなく労働者側で弁護を引き受けよう、という良心的な弁護士たちの集まりで、全国で1500人くらいの会員がいる。

彼らは労働事件の経験も豊富で、相談に来る人たちの金銭的な負担なども考慮してアドバイスをしてくれる。日本労働弁護団は、働く人たちをバックアップする労働法のスペシャリスト集団なのだ。

ちなみに、クビにあった場合にも、日本労働弁護団は頼りになる。解雇の問題も、彼らの専売特許みたいなものなのだ。

セクハラ・パワハラで辞めるな!

最近はパワハラで会社を辞めさせるケースがすごく多い。それも、「辞めろ!」と言わずに、**無形の圧力で辞めさせようとしてくるのだ。**


「お前、自分で何ができるか考えろ!」

「お前、この仕事に向いていないんじゃないのか?」

などと、本人に考えさせて、思いつめさせていくような汚いやり方もある。

社員が自分から「この仕事に向いていないので、会社を辞めます」と言うのを待つという、とんでもない罠《わな》を仕掛けてくる。そういう会社も少なくないのだ。

　また、仕事を与えない、無理やり便所掃除をさせる、などというやり方で、社員が「辞めます」と言うのを待つケースもよくある。

ここでなんとしても言っておきたいのが、「セクハラやパワハラで会社を辞めるな！」ということだ。いじめて辞めさせる会社が多いのには、本当に腹が立つ。

セクハラやパワハラは人権侵害。それでもって退職に追い込もうとするのだから、なんともズルいやり方だ。

　セクハラやパワハラなどをされたら「こんな会社にいたくない！」と思うもの。しかし、辛いかもしれないが、セクハラやパワハラにあったとしても、すぐに諦めずになるべく冷静に考えてみよう。そしてメモをつけておいて、いざというときのための証拠に取っておくのだ。

「病気だから」ということで休職届を出すのもいい（67ページ参照）。その間に弁護士を探したり、コミュニティ・ユニオンに相談したりするのもひとつの手だ。

会社に行きたくないような状況を会社側が作ってきたのだから、休職するのは権利だと思っていい。会社に行かず、無駄なストレスを感じず、会社と裁判で争うことができるのだ。

メモをつけておけば、裁判になったとき、相手がどうしようもないクズ会社だということが世間にも明らかになる。**セクハラやパワハラをやったうえにクビにさせたとしたら、賠償金もはね上がるのだ。**

PART 2
【サービス残業代編】

『しごとダイアリー』は強力な武器になる！

サービス残業大国 日本

この日本では、残業代を支払わない会社がものすごく多い。**1円も支払わずに済ませてしまう、いわゆる「サービス残業」が横行しているのだ。**

私たちの調査では、およそ3割から4割の働く人たちが残業代を支払われておらず、サービス残業が押しつけられているとのこと。

労働時間っていうのは、着替える時間とか朝礼の時間とか、「来なきゃいけない」っていう時刻からカウントされている。あと、片付けや掃除をさせるなど、会社が居残りさせているような時間も算入されるのだ。このあたりを支払っていない会社はとくに多い。

昔から、日本は無法大国。慣習として、サービス残業が当たり前になっていた。ただ、高度経済成長期で給料もウナギのぼりだったときは、みんなも生活が安定していたから、大きな問題にはならずに済んでいたのだ。とにかく、わりと多くの日本の会社が、ずっと法律を無視し続けてきたんだ。

ブラック会社は社会悪

ちょっと大きな視点から話をしよう。

Aという会社では、きちんと残業代を支払ってモノを作っている。Bという会社では、残業代を支払わずにモノを作っている。そう仮定しよう。

そうすると、残業代を支払っていない分、B社のほうが安く商品を作ることができる。違法に安くモノを作れちゃうから、A社は潰れてしまうかもしれない。

こんなことが許されるなんて、ものすごい社会悪。**残業代を支払わない「賃金ドロボー」をやって稼いだ会社は増収増益でどんどん成長していって、まじめに稼いできた会社は潰れてしまうかもしれないんだ。**

残業代を支払わない会社を許していると、結果としてとんでもない社会悪になってしまう。

だからこそ、残業代を支払わないいい加減な会社を許しちゃいけないんだ。正直者が損をするような社会なんて、あっちゃいけない。

サービス残業代は簡単に取り返せる

ふつうの感覚の人であれば、「サービス残業代は取り返せない」と思うことだろう。でも、**意外とこれが簡単に取り返せるものなのだ。**

「自分が仕事を進めるのが遅いから」などと自分のせいにして、諦めてしまう人もたくさんいることだろう。

だけど、仕事のスピードと残業代が支払われないことは、まったく関係がない。従業員が働いた分は、きちんとすべて会社は支払わなければいけないのである。これは会社の義務だ。

会社が残業代を支払わないってことは、メシの食い逃げと一緒なんだ。働かせるだけ働かせておいて、その分の給料を支払わないということなのだから。

私が思うに、残業代を支払わないのは詐欺や横領とあんまり変わらないことで、もっと厳しく罰せられるべき。

やっぱり、「賃金ドロボー」は許しちゃいけないのだ。

『しごとダイアリー』をつけよう!

サービス残業代を取り戻すには、「証拠」が必要になってくる。

「**証拠がないといけないのか!**」と気張ってしまう人もいるかもしれないけど、法的な証拠を作るのは難しくない。ただ、**出勤時刻と退社時刻のメモを取るだけでいいの**

だ。

２００７年、ＰＯＳＳＥでは、詳細な記録を取りやすい日記形式の本『しごとダイアリー』を作った。これまで何百件という労働事件を扱ってきた笹山尚人弁護士に監修してもらって、今でも書店で売っている。

これは、出勤時刻や退社時刻、その日に職場であったことなどを書き記すような形式になっている。

たとえば、**「○部長に指示されて19時から23時まで、▲の業務をした」**などと、具体的に書き込めるようにしたのだ。何か揉めごとになったときに、裁判官でも認めざるをえないような書き方というのを指南している。

『しごとダイアリー』でなくてもかまわない。ふつうのメモ帳や、ふだんから使っている日記に書き込めばＯＫだ。

メモは詳細であればあるほど、信憑《しんぴょう》性も高まる。「○部長に命じられて、▲の仕事を■時から□時までやっていた」というように、細かく書くとよりいいだろう。法律的にも有利な証拠になってくる。

でも、「そこまではできない」という面倒臭がりな人は、**タイムカードをコピーしておくだけでもいい。これでも、かなり有力な証拠になるのだ。**

メモは有力な「証拠」になる

メモは〝法的〟に有力な証拠になる。

ストーカーの場合でも、「どんなことをされたか」などと書き記したメモを警察に突きつけると、サッと動いてくれるようだ。

仕事の場合もこれと同じ。サービス残業をさせられているのであれば、出勤時刻や退社時刻、上司の指示、どんな仕事をしていたかなどを日記につけておけば、それが証拠として認められるのだ。

さらに、パソコンを使う会社であれば、そのパソコンにログインした時刻を記録に取っておくのもいい。会社のシステムエンジニアの人などを味方につけておくのもいいだろう。

大きな会社であれば、警備員の入館記録をコピーして取っておくのもいいだろう。実例では、過労死の裁判において、この入館記録が証拠として認められ、原告（労働者）が勝訴したこともあるのだ。

まずはメモをすること。その他にも証拠を作る方法は、これまで挙げてきたようにけっこう手軽なものが多くある。

『しごとダイアリー』はバファリンよりやさしい

『しごとダイアリー』をつけるのは、精神衛生上もいい。

サービス残業をやらされていると、正直なところムカつくものである。でも、「いつかこんな会社を辞めてやろう」と思っていたりすると、『**しごとダイアリー**』**をつけるだけで、すごく気がラクになる。**「いつか取り戻してやろう」という気分になれるものなのだ。


実際に『しごとダイアリー』を使っている人からは、

「日記をつけることで精神的に落ち着きます」

「サービス残業をやらされていても、『いつか残業代を支払わせてやるからな！』とスッキリした気持ちで仕事ができるようになりました」

といった感想をもらっている。


万が一を想定して、日記をつける。**これだけで、気がラクになるし、実際に残業代を取り返すことだってできるんだ。**

労働基準監督署に行こう

残業代を支払うのは、「労働基準法」で会社に義務づけられていること。サービス残業代を取り返そうと思ったら、**これらの証拠を持って労働基準監督署に駆け込めばOK。**きちんと支払ってもらえるだろう。

労働基準監督署とは、労働相談の駆け込み寺のようなもの。

ただし、労働の〝最低基準〟つまり労働基準法に違反したケースのみしか扱ってくれない。

サービス残業は、労働基準法に違反している。だから、**サービス残業をさせられている場合は、労働基準監督署へ駆け込めばいいのだ。**

労働基準監督署は、仕事が忙しい職場である。日本には何百万という事業所がありながら、全国に数千人しか従業員がいないのだ。だから、忙しさゆえ、あんまり相手にしてもらえないことも多い。労働基準監督署は、確実に解決しそうなケースしか動こうとしないのだ。

そんな労働基準監督署を動かすには、大きく分けて**3つのポイントがある。**

1つ目は、証拠をキッチリ作っておくこと。これは、『しごとダイアリー』などで証拠を固めておけばOKだ。

2つ目は、まず自分自身で会社に請求すること。「サービス残業代を支払ってください」ということをEメールなどで会社の総務部や社長に送りつければいいのだ。パソコンがなければ、内容証明郵便で請求すればいい。

『しごとダイアリー』に書かれた内容をもとに、**サービス残業を行った時間を具体的に、分刻みで算出しよう。**

証拠があって、賃金が未払いである旨を伝えればいい。

簡単にいうと、1日の8時間を超えた労働時間分は25%増し。深夜22時から朝5時までは、プラス25%増し。これらを月給から時給に換算して、計算するのである。そして、具体的な金額で請求すればOKだ。

このような手続きを取って、会社が支払う意思がないことを明らかにしておこう。「Eメールを出したけれど無視された、『払えない』と返信された」というように、**請求したけど、会社は支払ってくれないということを明確にしておくのだ。**

Eメールでも内容証明郵便でも、「○月×日までに回答してください。払ってくれない場合は、労働基準監督署へ申告に行きます」と書き添えておこう。それまでに回答がなければ、サービス残業代を支払う意思がないということで、これも「証拠」になるのだ。

POSSEのホームページ（http://www.npoposse.jp/）に、この請求のための雛形を作っておいた。ぜひ活用してほしい。

そして3つ目のポイントは、この2つを準備したうえで、労働基準監督署に「申告」という手続きを取ることだ。

これらの証拠を持って、「相談」という形で労働基準監督署に出向いても、「まあまあ、こういう事例はよくあることですから」とノラリクラリと適当にかわされることがよくあるものだ。

しかし、「**これは証拠があるんだから、今すぐ動いてください**」というふうに「申告」すれば、労働基準監督署も動かざるをえない。

このように持っていくのがポイントだ。

ちなみに、大きな会社ほどサクッと解決する場合が多い。

体裁があるから、何か揉めごとがあったとか、監査が入ったとか、そういうイザコザを起こしたくないのだ。

300万円が自分のものに！

こうして申告することで、サービス残業代が取り返せる。人によって額は違うが、働いた分はきちんと支払ってもらえる。

ただし、支払ってもらえるのは、請求してから過去2年間分。これでもけっこうな金額になる。

月収30万円、毎月の残業が60時間、という人のケースでザックリ計算してみよう。

月に働いた日（平日）を20日とすると、日給は1万5000円。就業時間を8時間として、時給に換算すると1875円となる。

これが60時間で、25％増しとすると、過去2年間で**337万5000円にもなる！**

あなたも、自分の給料とサービス残業をしている時間をもとに算出してみよう。それだけ会社に〝貸し〟があると思えば、会社に対して弱腰になる必要もなくなるだろう。

サービス残業代はこのようにして請求できる。しかし、在職中で、会社の中にいる以上は請求しづらい人もいるだろう。

そういう人は、**ひとまずメモだけを取っておいて、「こんな会社にいたくない！」と思って辞めるときに請求してしまおう。**これもひとつの手だ。

「三六協定」があっても取り返せる

ワンマン社長の中小企業であれば、「**ウチは『三六協定』が結ばれているから、残業代を支払わなくていいんだ！**」というように言われることがあるかもしれない。

三六協定とは「残業や休日出勤をさせてもＯＫ」という取り決めのこと。これを行政官庁に届けていない中小企業も少なくないようだ。そういう会社が、残業や休日出勤を従業員にさせていれば、それだけで行政の取締りの対象となる。

三六協定が結ばれているからといって、残業代を支払わなくていいということにはならない。あくまでも残業をさせても「罰せられない」だけだからだ。これは中小企業の社長さんによく見られる勘違いなので、残業代を支払わせることができるのだ。

裁量労働制でも取り返せる

専門業務や企画業務など、労働時間を把握しづらい仕事に就く人には、特別に「裁量労働制」というものが適用できる。

これは簡単にいってしまうと、「出勤時刻も退社時刻も自由ですよ。ただ、仕事はしっかりしてくださいね」ということだ。この裁量労働制の場合、「給料は年俸などであらかじめ決めておいて、残業代は出さない」という体裁を取っている会社が多々ある。

しかし、この裁量労働制が会社に悪用されていることもしばしば。「残業代を支払わなくてもいい！」ということで、**どんな仕事をしていようが社員を裁量労働制に無理やり押し込めてしまう経営者も少なくない。**

裁量労働制で働く人に対しては「命令」をしてはいけないことになっている。「この仕事は××のようにやれ！」というように業務の遂行方法も、個人の裁量に任せることになっているのだ。毎日「どこまで進んだのか？」というようなチェックもしてはいけない。ザックリした仕事の振り方でなければならないのだ。

また、裁量労働制にするときには、働く人と会社側との間で「労使協定」を結ぶ必要がある。

「裁量労働」といいながら実際には細かい指示を出していたり、そもそも協定を結んでいなかったりするケースはとても多い。**こうした場合にはそもそも裁量労働ではないので、残業代はすべて請求できる。**

さらに、これらが守られていても請求できる場合がある。労使協定では、「この人の労働時間を、このくらいの時間働いたものと〝みなす〟」という取り決めをして、労働時間を約束ごととして決めておくものだ。裁量労働制では、「みなし労働時間」というスタイルが適用されるのである。

たとえば、「週40時間働いて、年俸が700万円」という取り決めをしたのにもかかわらず、実際には仕事量がハンパじゃなくて、週70時間も働いているとなったとする。**その場合には、その差額を請求できるのだ。**

裁量労働になったら、残業代がぜんぶタダになるのかといったらそうではない。あまりにも現実とずれていたら、最初の約束と違う。こういうロジックで、これまで書いてきたように『しごとダイアリー』をつけておいて、労働基準監督署に申告すれば、残業代を請求できるのだ。

また、請求する前に、「最初の取り決めとあまりにも違うから、給料を上げてください」というような交渉も可能だ。

いざ「コミュニティ・ユニオン」へ！

一人で会社と話し合いをすることに尻込みする人も多いことだろう。そういう人のために**「コミュニティ・ユニオン」という心強い団体がある。**

コミュニティ・ユニオンでは、電話で仕事に関する無料相談を受けつけていたり、会社の問題点は何なのか、ということを説明してくれたりする。自分の置かれた状況がどんなものなのか、どういうことができるのかということを適切にアドバイスしてくれるのだ。

会社のやり方に少しでも「納得できない」という気持ちがあれば、まずは電話してみよう！　**相談にはお金もかからない。**

電話番号は、巻末の『労働相談電話帳』にも載せておいたし、「コミュニティ・ユニオン」で検索すれば、ホームページがすぐに見つけられるから、ぜひ知っておいてほしい。

「コミュニティ・ユニオン」というのは、企業の枠を超えた労働組合のこと。働く人たちを守るために集まっている人たち、と考えておけばいいだろう。

残業代不払いなどの違法行為があったときや、「給料が安すぎて生活できない」といったとき、一人で会社と交渉しても、ぜんぜん相手にしてもらえないこともある。そこで、コミュニティ・ユニオンに相談して、交渉する方法がある。「労働組合法」が根拠になっているので、会社は交渉を拒むことができないのだ。

しかも、**労働組合の専門家が一緒に話し合いに来てくれて、会社に対して違法行為を指摘したり、給料アップなどの交渉をしたりしてくれるのだ。**ものすごく心強い存在である。

ふつうの労働組合っていうのは企業ごとにあって、正社員しか入れなかったり、入っていてもちゃんと守ってくれなかったりもする。

ひどい場合には、組合費を支払っているのにもかかわらず、働きすぎて過労死になったとしても、何もしてくれない。それどころか、組合のほうが企業サイドにベッタリで、働く人たちを厳しく締めつけるようなことをするケースも多い。

たとえば、**「社員は自覚を持って長時間働いたほうがいいんだ」**というようなことを組合の代表が言っているようなことが多々あるのだ。

だから、コミュニティ・ユニオンという存在をぜひ知っておいてほしい。

「コミュニティ・ユニオン」の心得

コミュニティ・ユニオンは、個人で相談できるし、加入もできる。でも、すごく大切なのは、**個々人が助け合わなければならないということだ。**

「助けてもらったら、助けてあげる」という助け合いの中でやっている。会社にひどいことをされた人を、組合全員で守るという良心的な団体なのである。

だからこそ、安心して相談に行ける。これは、今までにあったような企業別の労働組合にはないものだ。

助け合いの精神こそ、コミュニティ・ユニオンの真髄なのだ。そこのところは、忘れないでいてほしい。

PART 3
【休暇取得編】

病欠で２年間もの
有給休暇が！

有給休暇のない職場

日本人の有給休暇の消化率は、年間50%もいっていない。いろいろな形での圧力をかけてきて、有給休暇を取らせない職場がものすごく多いのだ。

正社員でバリバリ働き、忙しいことが理由で、なかなか有給休暇を取れない人も多いことだろう。

また、「自分がアルバイトだから、有給休暇を取れない」と思っている人もたくさんいる。

でも、これは間違いで、アルバイトの人でも有給休暇を取ることができるのだ。しかし、実態としては、有給休暇を取れること自体を教えてくれない会社がほとんどなのである。

有給休暇は、入社してから半年の時点で、10日間与えられる。勤続年数が増えるの

と比例して、毎年もらえる有給休暇が増えていく。これは、有給休暇の大原則。覚えておいたほうがいい。

パートタイムで働くようなアルバイトでも、有給休暇を取ることができる。日数は少し減ってしまうが、労働基準法でしっかり義務づけられている。

「言うだけ」で有休は取れる

「有給休暇を取りたい！」と思ったとき、基本的に会社はそれを拒むことができない。有給休暇の取得を申請するときには、理由を説明する必要もなく、書類を提出する必要もない。**口頭で「○月×日に有給休暇をいただきます」と言えばいいだけなのだ。**

有給休暇の申請に法的なルールはなく、電話で「今日は風邪なので、有給休暇で休みます」というように、**どんな伝え方でもＯＫである。**

ただし、会社側には「時期変更権」というものがある。「仕事がつまっていて、さすがにこの日はキツいから、休む日を変えてほしい」というように、有給休暇の取得を拒む権利があるのだ。

しかし、これは「時期」を変更するもの。代わりに別の日を有給休暇にすることが、会社には義務づけられているのだ。

これは「お願いだから、時期を変えてください」と会社側が言えるだけの権利で、「取るな！」と言うことは絶対に許されないことである。

有給休暇を取るのにいちばん大切なのは、まず働く人たちが「有給休暇を取得します」と申請することなのだ。

「合理的」な有休の取り方

有給休暇の時期を変更できるとなると、会社側は何カ月も有給休暇を取らせまいと画策してくるかもしれない。

でも、この「時期変更権」は、あくまで「合理的」な範囲でのみ、時期を変更することが許されているのにすぎない。

一般常識に照らし合わせてみると、**2カ月後にまで変えてしまうのはナシ。有給休暇を取ろうとした日の次週などの程度で、次々週くらいが限度だろう。**それを超えてしまえば、「合理的」とはいえなくなってくる。適当に理由をつけて、先延ばしにするのはあってはいけないことだし、それこそ訴えてもいいだろう。

ただし、大々的なプロジェクトを扱う仕事などでは、「このプロジェクトが終了したら」などと、ある程度有給休暇を取るのが遅くなっても仕方がない。この「合理的」っていうのは、状況によっても変わってくるし、なかなか判断が難しいときもある。

しかし、**原則的には、有給休暇は取れる。**正当な理由があれば、ほんのちょっと時期をズラされてしまうけど取れる。そう考えて間違いない。

有休を取ったら昇進できない!?

「有休を取ったら、いけないんじゃないか」

「有休を取ると、昇進に響くのではないか」

などと考える人も多いことだろう。

でも、有給休暇は労働基準法で定められたもの。これを取らせないってことは国が許さないのだ。


元々、有給休暇は賃金の中に組み込まれているものである。

「年収300万円」と会社と契約して正社員として働く場合、土日は休みである人が多いことだろう。

それと同じように、**働く側には1年間分の有給休暇を取る権利があるんだ。**これを取らせないのは、横領とあまり変わらない。

厚生労働省は「有給休暇を取りましょう」というポスターを掲示している。行政側が動くほどまでに、有給休暇を取らせない会社が本当に多いのだ。でも、それと同じくらい、働く人たちが有給休暇を取ろうとしていないのも現状である。

たとえば、有給休暇を取ろうとしたときに、

「お前の査定を落とすからな」

「皆勤手当はナシにするからね」

などと言われるようなことがあったら、これは違法行為。労働基準監督署へ駆け込めばいい。メモなどで証拠を残して、ズルい会社にギャフンと言わせてやればいい。

休職のススメ

「とにかくもう会社には行きたくない」と思ったら、**休職届を出すといい。**

まず、会社の就業規則に「休職」に関する規定があるか確認しよう。その中に「病気であれば休職ができる」などの規定があれば、医者に診断書を出してもらうなどして、会社の制度を使って休職ができる。

休職をしている間も、会社との〝雇用関係〟は続いているので、**健康保険や雇用保険、年金などは会社が引き続き負担しなければならない。**また、病気で休職していることだけを理由にクビを切ることもできない。

とにかく、仕事をするのがしんどくなってもすぐに辞めないで、休職届を出すといいのだ。

そのときのポイントは、**医者の診断書を持っていくこと。**

しんどくなったとき、病院に行けば、うつ病などのとてもひどい病気じゃなくても、「軽度の精神疾患」ということで、病名をつけて簡単な診断書を出してくれるところも少なくないようだ。

それをもらったうえで、「もう今の状態では働けません」と、休職届を出せるんだ。

ウチに相談に来た人の例では、「このまま働くのが辛い！　もう辞めてやる！」と思い立って辞表を出したところ、上司に引き止められて「ひとまず休職してみようか」となったという話もある。休職中も給料をもらうことができ、彼は無事に仕事に復帰することができた。

しんどくなったら無理をしない。休職届を出して休むこともオススメである。

「失恋休暇」なんてものも

「失恋休暇」というものを取り入れている会社もある。失恋は、誰にとっても精神的ダメージが大きいもの。**好きな人にフラれた、恋人と別れたなどという理由でしんどい人は、それで有給休暇を取ってもいいのである。**

この制度を取り入れていることで有名なのは、Ｈｉｍｅ＆Ｃｏｍｐａｎｙ。この会社は「バーゲン半休」など独自の休暇制度も取り入れている。社員がバーゲン時期に買い物へ行く場合には、そのために有給休暇を取ることができるのだという。

こうした奨励策は、なんとも社員にやさしい制度だ。他の経営者も見習ってほしいものである。

「病気かな」と思ったら、労災指定病院へ

仕事のせいで体を壊すこともあるだろう。長時間労働やパワハラ、セクハラなどが原因で「なんか体の調子がおかしいな」「なんだかやる気が起きないな」と感じたら、労災指定病院に駆け込むといい。

月に60時間以上も残業をさせられて病気になったとしたら、労災として扱われる可能性が高い。

100時間を超えると、とても高くなる。これはパート、アルバイト、契約社員、正社員など雇用形態に関係なく、そうなってくる。

また、持ち帰り残業が多かったりする場合なども、労災の可能性が高くなる。

あとは、業務以外のことで叱責される場合、とくに性格や人格を否定するように、

「お前は顔がおかしい」

「お前の親がクズだから」

「お前の体臭は、卵が腐ったみたいな臭《にお》いでキツい」

「お前は暗い」

「お前は気持ち悪い」

などと誹謗《ひぼう》中傷されていたら、これはパワハラ。こういう状況で「うつ病」になったとしたら、**仕事が原因だから、労災として扱われるだろう。**

どんな発言があったのかを『しごとダイアリー』につけておけば、証拠はバッチリだ。

労災で2年間もの有給休暇が!

仕事と病気との因果関係が認められる場合は、労災として扱ってもらえ、治療費がいったん無料になる。その後も労災として「正式」に認められれば、ずっと無料のまま だ。

ここで有力情報! 労災として「正式」に認定されると、「休業補償給付」というものがもらえるようになる。毎月およそ給料の6割程度の額が支給されるのだ。

また、それと同時に「休業特別支給金」というものももらえる。これは、毎月およそ給料の2割程度の額。

これらを合わせると、毎月の給料の8割もの額。労災で病欠するとなれば、これが毎月もらえるので、ふつうに暮らすことができる。

仕事によるストレスが原因で、「うつ病」になってしまう人もいることだろう。「うつ病」は現代病ともいわれるほどで、「家庭に一人はうつ病がいる」と言う人までいる時代である。


「やる気がしない」

「全身の疲れが取れない」

「朝がものすごく憂うつ」

「下半身に〝元気〟がない」

「もう、死にたい！」

などと感じているのであれば、うつ病の可能性がある。


この「休業補償給付」と「休業特別支給金」は、うつ病にももちろん適用される。しかし、この「休業補償給付」と「休業特別支給金」は、うつ病などの精神疾患の場合、半年間しかもらえない。

その後は、健康保険から「**傷病手当金**」をもらうことができる。**毎月、給料の3分**

の2くらいの額が国から支給されるようになるのだ。

こちらのほうは1年半の間、支給される。つまり、2年間まるまる有給休暇を取得できるようなものなのだ！

病気になって、仕事もなくなり、生活もできなくなる……という貧困の蟻地獄にはまらないために、これらの制度をフル活用したいものである。

また、休職をする場合も、病気が原因であれば、労災指定病院に駆け込むといい。こちらも労災として認められると、これらの制度が使えるので、それで生計を立てるという手もあるのだ。

労災で休職しているからといって、会社は従業員のクビを切ることはできないから、安心して休めばいい。**社会の仕組みをうまく利用して、ゆったりとマイペースで復職すればいいのだ。**

PART 4
【給料アップ編】
どんどん年収が上がる「仕組み」実践法

会社の身勝手な給料の決め方

大企業の正社員であっても、財布が寂しい今日この頃である。

そもそも給料はどうやって決まっているのか、というと、会社と働く人との間で交わす「労働契約」で「月収いくら」と決まっているんだ。

その「労働契約」では、たとえば、今年は月15万円だったら、来年はどういった評価基準、評価制度で、給料が決まってくるのか。また、どういった理屈で賃金が決まるのか、年俸制なのか、定期昇給なのか。そういったことが決まっていなければならない。

そう法律で定まっているんだけど、**実際に給料を決めるのは、「労働契約」じゃなくて、「就業規則」なんだ。**

その就業規則というのは、会社側が一方的に作って、働いている人たちはみんなそれに従うということになっている。

日本の就業規則というのは、会社が作るものであって、働く人たちの希望なり要望なりをひとつずつ交渉して作成しているわけではないのが実情。**経営者の思うように、働く人たちの給料を一方的に決めることができてしまうんだ。**

日本では、あまりにメチャクチャな内容でなければ、どんな就業規則でも基本的にはOKということになっている。

新卒であれば、もう自動的に給料の仕組みは決まっている。転職する場合は、入社するときに年俸交渉などをしても、就業規則の改変によってコロッと変わってしまうかもしれない。

それに、年俸の評価は一方的に会社が行う。**そもそも自分で決められないというのが、日本の給料の仕組みなんだ。**

となると、ただ会社に言われるままの給料で働くしかないのだろうか？

給料をUPさせる「仕組み」

就業規則よりも強い効力を持つのが「労働協約」である。

この労働協約で「給料をアップしましょう」という約束を結べれば、会社はそれを拒むことができないのだ。

「労働協約」は、労働組合が会社と交渉して結ぶものだ。

「えっ、労働組合!?」と思った人も多いことだろう。日本人の労働組合に対するイメージは、そんなにいいものでもないからだ。

日本でも、労働組合がときたまニュースに登場することもある。

とくに企業別組合やその他の労働組合が集まって、経営者に要求を突きつける「春闘」の時期になると、新聞やテレビなどで話題になるのだ。

しかし、この「春闘」が何をやっているのか、正直よく分からない人もいることだろう。

また、ニュースに出てくる労働組合の活動スタイルは、鉢巻や赤い腕章、ゼッケンをつけて要求行動を行うというものが多く、**日常生活とはかけ離れた「別の世界の人たち」のように映るものだ。**

福祉国家として有名なスウェーデンでは、全労働者の80％以上が労働組合に入っている。この巨大な労働組合が政策をも左右する存在となっているのだ。

私たちも労働組合に入ればいい。そうして、みんなで労使交渉をして、給料をＵＰさせればいい。**個人では小さな力でも、人がたくさん集まれば大きな力になるのである。**

では、どのような労働組合に入ればいいのだろうか？

会社の労組は信用できない

まず、手頃なのが、会社にある労働組合。企業ごとに作られている労働組合である。

でも、これはぜんぜん使えない場合が少なくない。

彼らは基本的に会社の経営サイドについている。働く人たち——従業員たちのことを考えずに、会社の利益のことを中心に考えているのだ。

だから、働く人たちが困っていても、力になってくれる可能性が低い。また、仕事について相談しにいったところ、それを上層部にチクられて、不利な扱いを受けるといった話も少なくない。

また、日本の企業別の労働組合は一部の人間しか守られていないことも問題だ。大企業の正社員だけが組合員である場合がものすごく多い。

そして、この労働組合は、この不況の今、派遣社員の人たちがクビを切られていく中、正社員の給料アップを要求しているのだ。この人たちの給料アップ」っていうのは、一部の人たちだけの給料アップを求めている。**きわめて利己的で、一般のサラリーマンや、非正規社員にとっては、まったく無関係の交渉をやっているんだ。**

「一部の特権者しか労働組合を作っていない。その恩恵を受けていない」というのは、やっぱり問題だ。

大事なのは、非正規社員や、その他のサラリーマン、とくに組合がないところのサラリーマンがもっと恩恵を受けられなければおかしい、ということである。

最低賃金では暮らせない！

たとえば、最近、相談に来る人たちからは、

「正社員になったけど、給料が安すぎて生活できない。給料を上げてもらいたいのですが……」

というような話をよく聞く。

でも、給料は「最低賃金法」で定められている「最低賃金」以上であればOK、ということになっている。それ以上であれば、いくらだっていいわけなんだ。

2013年3月現在、東京都の最低賃金は時給850円。ぶっちゃけて言ってしまえば、東京都であれば、時給850円くらい出しておけばいいのだ。

でも、時給850円じゃ、誰も生活できない。月に20万円ほど稼ぐためには、約235時間も働かなければならない。週休2日だとすると、だいたい1日12時間。かなり厳しい労働条件になる。

ここから年金保険料や健康保険料、所得税などが引かれるとなると、貯金もできやしないし、生きていくのがやっと、といった感じになるだろう。

日本の労働組合では、「働く人たちみんなの賃金をUPしよう!」という流れにはなってきていない。

なぜそういう流れにならないかというと、労働組合が企業ごとに作られていて、企業間に競争原理が働いているからだ。**賃金を安く抑えて、それで儲けを増やしたい、**

というのが経営者側の本音なのである。

たとえば、AとBという会社があるとする。それぞれの会社に労働組合があるとして、Aがいきなり賃金を上げちゃったら、Bは安いまま。人件費が価格に転嫁されて、Aは競争に負けてしまうんだ。**労働組合が企業ごとにあると、「賃金が安くても、会社が潰れるよりはましだ」と思ってしまう。**だから、なかなかみんな「賃金を上げよう！」という話にならない、なっていかないんだ。

欧米の労働組合では、企業別ではなく、産業別に作られているのが当たり前。それゆえ、企業間にそのような競争の原理は働かないのである。

産業別に「この仕事をしたら、いくらの賃金」と決めておき、そこから産業全体の給料UPを団体で交渉していく。**そうすれば、同業者同士で競争することもないし、会社は技術革新などに重点を置いて、発展していくことができる。**これが欧米のやり方なのだ。

「給料が安すぎて生活できない。給料を上げてもらいたい」

と思うのであれば、労働組合で交渉するしかない。労働協約で「給料をアップしましょう」という約束を結べばいいのである。

「ニュータイプ」が数多く出てきている

ここでオススメしたいのは「ニュータイプ」の労働組合。これは各地域にある「コミュニティ・ユニオン」などのこと。これらの団体は、働く人たちが困っていれば力になってくれるのだ。

私たちの団体、POSSEでは、労働相談が主な業務。労働組合ではないが、困っている人がいれば、どう動けばいいか、どのように対処すべきかなどのアドバイスをしている。また、弁護士の斡旋《あっせん》なども行っている。

労働組合を頼る前に、入る前に、または立ち上げようと思っているのであれば、立ち上げる前に、**私たちのようなＮＰＯに相談するのもひとつの手であろう。**
何はともあれ、「ニュータイプ」の労働組合が数多く出てきている。

日研総業ユニオンの奇跡

製造派遣の業界トップ「日研総業」では、全国で数万人の派遣労働者が働いていたが、その生活は不安定だった。そこで、「日研総業ユニオン」というニュータイプの労働組合が会社と交渉して、**全国的に全社員の寮費を１万円以上安くさせた。**また、ある自動車会社の工場では、**時給を一律１００円アップ**という話もあるんだ。

例として、「ガテン系連帯」の活動を紹介しよう。
「ガテン系連帯」はかつて派遣労働者の労働組合作りを支援していたＮＰＯ（現在は解散）で、日研総業ユニオンとの関係も深い。

「ガテン系連帯」は、大手自動車製造会社の日野自動車に派遣されていた2人の労働者の出会いからはじまった。のちに「日研総業ユニオン」を立ち上げることになる和田さんと池田さんの2人である。

ある日、日野自動車の正社員を交えたお花見の席で、池田さんが社員から「**お前、26歳になって派遣やっているようじゃダメ。お先真っ暗だ。人生終わっているな**」と言われたそうだ。派遣労働の現場ではよくある話だろう。

派遣労働者は日々単調な労働を繰り返している。池田さんの場合、10キロ以上ある大きな鉄のかたまりを工作機械にセットするというキツい単純作業を1日中繰り返していた。鉄のかたまりを機械が自動的に加工して、車の「ギア」を製造する工程の中での作業だ。

その機械には巨大なカッターがついている。こうした製造工場の工作機械に触れたり、巻き込まれたりすると、大ケガをしてしまう。**ときには命を落とすこともあるほどである。**

工場の労働者は毎日危険と隣りあわせで働いている。夏にはとても暑い中、倒れそうになりながら、冬には寒い中、暖房もじゅうぶんに効いていない部屋で働いているのだ。もちろん残業があれば、時間を延長して、ひたすら働き続けることになる。

こうして一生懸命働いているのにもかかわらず、**派遣労働者は「ハケン」と呼ばれて差別される。**また、賃金が低いからとバカにされた扱いを受けている。そして、仕事がなくなれば、簡単にクビも切られてしまう。**精神的にも、とても辛い立場に立たされているんだ。**

作業に危険が伴うため、日野自動車の社員が工場の作業を行う場合には、1カ月間の研修が行われる。しかし、派遣労働者には研修などほとんどない。

また、派遣労働者は、派遣先だけではなく所属する派遣会社からも差別的な扱いを受けているんだ。

日野自動車の派遣社員寮では、3人ほどの労働者が1室に同居していた。ところが、

それぞれの部屋には鍵がついていない。

そこへ、派遣会社の社員が勝手に入ってきて〝見回り〟をすることも当たり前に行われていた。

ある派遣労働者は「**風呂に入っているところに勝手に入ってこられたことがある**」と言っていた。「逃げ出していないか」という〝見回り〟に来ていたのだ。このような差別は、派遣労働者にとって日常となっている。プライバシーなどあったものではないのだ。

ところが、池田さんと和田さんの出会いの日であるその花見の日は、いつもとは違っていた。

池田さんが罵倒されている様子を見ていた和田さんが、**その社員に食ってかかったのである。**理不尽な扱いに怒りを持っていた和田さんが、池田さんに対する暴言を聞いて、立ち上がったんだ。

これをきっかけに2人は労働組合を立ち上げた。

「仲間」を思いやる気持ちが、お互いの孤独を克服し、新しい力を獲得することにつながっていく。「ガテン系連帯」は、この2人の行動を支持する大学の教員や学生などが加わって、派遣労働者の組合活動を支援するために作られたんだ。

その結果、**ＴＢＳテレビをはじめ、メディアは「ガテン系連帯」の動きを大きく報じた。**

その後、池田さんと和田さんを中心に結成された「日研総業ユニオン」は会社と団体交渉を重ね、**それまで鍵がついていなかった派遣社員寮の個室に鍵をつけさせた。**それまでは、派遣会社の寮は鍵がなかったために、盗難事件が多発していたのだ。

他には、全国にいる派遣労働者の寮費を値下げさせた。寮の入居費用は不当に高い値段だったのだ。

また、日野自動車に派遣されている労働者全員の時給を１００円引き上げることを会社側に約束させたのだ。

「たかが100円」と思うかもしれないが、年収にしてみると、とてつもなく大きな額になる。

さらに、派遣会社の社員が勝手に寮の部屋に入るのをやめさせることも、会社側に約束させた。

和田さんと池田さんは仲間となり、労働組合を立ち上げることによって、**派遣労働者の状況を全国的に改善することに成功したんだ。**

そして、この成果によって、また新しい輪が広がっていき、団体交渉を重ねるようになった。職場の社員たちの2人に対する態度も、組合を立ち上げてから少しずつ変わっていった。2人は、労働組合を立ち上げたことで「働くことに誇りを持てるようになった」と話している。

彼らは組合活動を進めていった。サブプライム危機後の「派遣切り」に対しても全国各地で交渉をして、「派遣社員を寮から追い出させない」などの成果を勝ち取っている。

蔑《さげす》まれてきた者同士が仲間となり、自分たちが会社と対等の立場になって、要求を実現する。これはただ労働条件を引き上げているだけではなく、**働く人たち自身が尊厳を取り戻していく意味でも重要なのだ。**仲間作りによって、悪い状況を是正し、社会全体のために行動していくことは、とても魅力的なことである。

「ガテン系連帯」が結成されてから数カ月、マスコミなどから凄まじい反響があり、発足当初の数日間でホームページへのアクセス数が1万件を超えた。これを受けて全国からさらに多くの仲間が集まってきた。

和田さんと池田さんの取り組みが、差別と孤独から新しい社会を作り出す可能性を生み出したんだ。

労働組合は給料アップだけではなく、さまざまなプラスの可能性を秘めているのだ。

「自分たちだけ年収ＵＰ！」というのではなくて、その業界全体、社会全体の賃金の内容を決定していこうというスタンスのほうが強い。**仲間も集まってくるから、交渉**

もしやすくなるんだ。

「ガテン系連帯」の場合も、「自分たちさえよければいい」というスタンスではなく、業界全体を変えていこうとしたところに意味があったのだ。

仲間を増やして年収UP

繰り返しになるが、給料を上げるには、労働組合で労使交渉を行って、「給料をアップしましょう」という労働協約を結ぶことによってでしかできない。

労働協約は就業規則よりも効力が強いので、**より高い給料へと変更させることができるからだ。**

「労働組合」と聞くと身構えてしまうかもしれないが、労働組合で労使交渉を行うことには、大きく分けて3つのポイントがある。

1つ目は、労働組合に入ることで、会社との交渉を対等にできるということ。

これは「団体交渉権」として保障されているもので、労働組合が話し合いを申し込めば、会社はそれを拒否できない。同じテーブルで対等に話し合いをするしかなくなるのだ。

個人では、いくら会社に交渉を申し込んでも無駄なうえ、労働協約を結ぶことができない。それゆえ、「あなたの給料を上げることにしましょう」ということになっても、就業規則で変えられる可能性もある。

でも、労働組合であれば、交渉に応じなければならなくなる。これは大きなメリットだ。

そういうことでの**「交渉力UP」というのがまず1点。**これは、働く人たち個々人のためになることだ。

2つ目は、社会のルールを作るということ。

先ほども書いたように、今までの日本では企業別に労働組合が作られてきた。ある企業が「給料をUPしよう！」となれば、それがモノやサービスなど売り物の価格に転嫁されてしまう。だから、**給料を上げると、他社との競争力が弱くなってしまうん**

だ。

ヨーロッパでは産業別、業界別に労働組合がある。そこで、業界のモラルや業界のルール、ひいては社会のルールを作っているんだ。

たとえば、**「工場のこのライン業務に従事する者は、この時給よりも安く雇ってはいけない」**といったルールを作ってしまうのである。

そうすることで、賃金を安くすることではなく、それとは別のところで競争力をつけよう！　ということになるのだ。

日本は、ヨーロッパとは反対に賃金の値下げで競争してしまうために、技能水準が下がってしまうかもしれない。

業界のルールを決めてしまえば、もう賃金は下げられない。すると、**「もっと営業に力を入れよう」「もっと技術開発をがんばろう」などと、ポジティブな方向に向かうのだ。**

これは、働く人にとっても、社会全体にとってもメリットがある。

3つ目は、世論を味方につけるということ。

たとえば、「派遣労働者だったらクビを切ってもいい」と法律ではなっている。請負なんかだとなおさらクビを切りやすい。

だから、派遣労働者たちで、労働組合を作って、世論に訴えかけたら、世の人たちは、

「派遣社員だからって、クビ切っていいというわけじゃない！」

「請負だからって、クビ切っていいというわけじゃない！」

となるわけだ。

企業があまりにも常識はずれなことをやっていたら、「それはおかしい！」という世論が形作られていく。

実際に「ガテン系連帯」では、そうなった。

最近では、そういうように世論が盛り上がったのが「派遣村」だったりである。

このように、法律では決まっていないんだけれども、世の中のルール、モラルを背景にして交渉できるというのは、労働組合の強みである。

「派遣で働く人たちの給料はこれくらいないといけないだろう」とか、「サラリーマンの給料は、これくらいの仕事をしていたら、これくらいもらうのは当たり前だよ」とか、そういったことを社会のルールとして決めていく。

それが労働組合の持っている本当の力なのだ。

労働組合は、個々人の給料アップのツールとして有効である。しかし、それだけではない。**社会のルールを是正し、人と人との関係を、そして社会をよりよいものにしていける。**そういうものでもあるのだ。

正社員のビジョン

今まで書いてきたように、労働組合で会社と交渉をすることで、年収をアップさせることができる。これは「ガテン系連帯」のような非正規社員に限った話ではなく、正社員も働きながら、同じように給料アップできるのだ。

このときに大事なのは、労働組合で交渉する場合、

「どんな資格を取ったら、どのくらいの給料UP」
「どのくらい売上を上げたら、どのくらい給料UP」
というように、明確なルールを作っていくということだ。

そうなると、なんでもかんでも給料アップじゃなくて、「**このぐらいのスキルを身につけたら、このぐらいの見返りがある**」というのがハッキリするでしょ？

そうすると、モチベーションも上がるし、将来設計も立てやすくなる。

日本ではそういうルールがハッキリとした形になっていなくて、曖昧《あいまい》にやってきたんだ。こうしたルールを作れば、キャリアアップについても給料アップについても、ビジョンが明確になるはずだ。

「無法地帯」は年収UPの余地がデカい

労働法を知っている人や労働組合がないところでは、無法地帯が広がっている。**とくに最近ひどいのが、IT業界だ。**

IT業界は新興産業で、10年から20年のキャリアしかない会社がほとんどである。労働組合は戦後にドカッとできたから、IT企業には、そもそも労働組合がないところが多い。企業別の労働組合すらないので、業界のルールが存在していないのだ。

だから、やりたい放題になっちゃっている。監視者がいないから、労働基準法すら守らない。経営者も法律を無視しているのが現状なんだ。

そうすると、働く人たちにとっては本当に「野蛮」な状態。新興産業、とくにIT業界は、聞いているとメチャクチャなことばかりやっているようだ。

たとえば、

「辞めたいヤツは勝手に辞めればいい。働き続けたければ24時間働く気合を持て。休みもあると思うな」

などと言う経営者も少なくなく、そんな脅迫《きょうはく》じみたことがまかり通っている。

社会的な道徳どころか、法的なルールすら守られていない状況が広がっている。そうしたところでは、すぐに労働組合を作って、会社と交渉をする必要がある。

会社にルールを守るように約束させないと！

同じ業界の人間は、みんな同じ労働組合に入って、「業界全体を健全化していきましょう」ということをやらなければ！

そうしていかないと、**実際の、今のＩＴ業界のように、〝人間の安売り〟のようなことが続いていく。**技術革新などもされていかないから、どんどん競争力が落ちていくのがオチである。

「思いやり」で年収UP

労働組合を使って給料をアップさせようと思うとき、大切なのは**「自分だけ儲けたい」と考えてはいけない**、ということだ。

団体交渉の際にも、組合員だけの賃上げを要求していてもダメなんだ。会社全体の賃金を上げろというようにしなければダメ。

成功する秘訣は、「自分だけ」ではダメで、会社全員。会社全員ではなく、業界全体。業界だけではなく、日本全部。といったように、**なるべく広い枠で考えていったほうがいい。**

「オレだけなんとかしろ!」と言っていても誰も賛同してくれないけれど、先ほどの「ガテン系連帯」のように、派遣社員全体について訴えていると、世論もついてくる。結果、政策や法律まで変わってくる、というわけだ。

労働組合をやっていくというのは、「企業と交渉できる、年収UPの可能性がある」という個々人にとってとても大事なことだ。でも、それと同時に、社会全体の問題として捉えていくことで、社会がよりよくなっていく可能性もあるのである。

「思いやり」があなたと日本を、そして世界を変えていけるんだ。

PART 5
【「辞めろ！」と言われたとき編】
逆境をチャンスに変える
テクニック

大量解雇時代の到来か⁉

働いている人なら、誰だってクビにはなりたくない。でも、100年に1度と言われる大恐慌の中で、会社は一挙にリストラをおし進めているようだ。派遣社員や契約社員だけでなく、正社員にもその波は押し寄せてきている。

明日には、あなたのデスクが会社からなくなっている可能性だってあるのかもしれないんだ。

最近ではこういうご時世のせいか、このような相談をよく受ける。

「上司から『辞めてくれ』と言われました。やっぱり言われるままに、辞めなければならないんでしょうか？」

どんなに肝《きも》の据わった人でも、いきなりクビを宣言されたら、頭の中が真っ白になってしまうだろう。

私がその立場になったとしても、テンパってしまい、どうすればいいのか分からなくなってしまうかもしれない。

さて、「辞めろ！」と言われたとき、どうするのがいいのだろうか？

ハッピーな退職？

「辞めろ！」と言われたとき、退職金の上積みであったり、「自由に仕事を探してくださいね」と、次の転職先を探すために退職までの猶予期間を与えてくれたりすることもある。**それで本人が納得できれば、辞めてしまってもいいだろう。**

ただ、その条件を呑んで退職してしまうことで、実は損をしている場合が少なくない。**スジの通らないことを会社が押しつけてくる可能性だってあるのだ。**

たとえば、「あなたは3カ月間、ウチに在籍しながら自由に仕事を探してください。その間は仕事もほとんどないですし、給料もきちんと支払いますよ」と言われたのにもかかわらず、やたら仕事をさせられるケースがけっこうある。会社の口約束はアテにならないんだ。

会社が退職金を上積みするのも、それ以上のメリットが会社にあるからだ。そこのところを念頭において、自分から辞めるかどうかを考えたほうがいい。

即答は避けるべし

万が一、会社から解雇、つまりクビを言い渡されたとき、**〝冷静さ〟が大切になってくる。**

「辞めてくれ」と言われたとき、どれだけ冷静に対応できるかで、その後の運命は大きく変わってくるのだ。

「もう来るな」「辞めてくれ」「お前なんか必要ない」などと何を言われたとしても、**絶対にそこで即答してはいけない。**まずは「考えさせてください」とだけ返答して、辞めるかどうかをとりあえず保留にしておくのだ。**ここで辞めてしまうと「自己都**

合」の退職になってしまう。

「自己都合」退職とは？

退職には2つのパターンがある。**社員が自分の都合で辞める「自己都合」退職と、会社の都合で辞めさせられる「会社都合」退職だ。**

「会社都合」で辞めれば、すぐに失業給付をもらえるなど手厚い保障が待っている。しかし、「自己都合」で辞めてしまえば、失業給付もおよそ3カ月後からとかなり遅い。「会社都合」で辞める場合につく「解雇予告手当」（約1カ月の給与分）ももらえない。**辞め方によって金額にも大きく差がつくのである。**

日本では、経営不振や人員整理など会社の都合で社員をクビにする場合でも、「自己都合」で辞めさせようとする会社ばかり。退職を勧められると、すぐに「辞めます」と退職届を出してしまう人が多いのだけれど、「自己都合」で辞めてしまうと、国すら助けてくれなくなってしまうのだ。

「会社都合」で辞めると超おトク

月給30万円の人の場合で簡単な計算をしてみよう。

まず、労働基準法では解雇、つまり「会社都合」の退職であれば、一カ月前の予告か、「解雇予告手当」の支払いを義務づけている。これが自分から辞める場合には適用されない。**これで約1カ月の給与分、30万円である。**

また、自分から辞めてしまった場合には「自己都合」の退職になってしまうため、雇用保険で保障されている失業給付でも損をしてしまう。

「会社都合」退職の場合には、すぐそのときから雇用保険から失業給付金が支給される。でも、「自己都合」で辞めてしまえば3カ月間の給付制限がつく。つまり、会社を辞めて、手続きをしてから3カ月間は、一銭ももらえないんだ。

支給額は月収30万円の人の場合、およそ20万円程度。**これを3カ月分とすると、60万円にもなる。**

もちろん3カ月をすぎれば、給付を受けられる。しかし、無給で生活するのに困らないほど貯金をしているような人でなければ、給付ナシでは生活できない。何かしら次の仕事をせざるをえなくなるんだ。

急いで職を探すと、ロクなことにならない。「**派遣社員や契約社員、アルバイトでも、とにかく食いつながなければ！**」と妥協せざるをえないこともあるだろう。

その意味では**「自己都合」退職によって、転職の面でも大損をする可能性もある。**

これは一生に関わってくることなので、予想以上に問題だ。一度でも妥協して、不本意な転職をしてしまうと、そこから這《は》い上がるのはかなり難しい。残念だけど、これが日本の現状なんだ。

これに加えて、「自己都合」で辞めた場合には、解雇が違法であったとしても、裁判や団体交渉で争うときに、かなり不利になってしまう。

裁判や団体交渉で解雇の正当性を争って、会社に非を認めさせた場合には、数カ月分の賠償金を勝ち取ることができる。本人が望めば、職場に戻れる場合もあるだろう。

これはケースによって額が大きく変わってくるけれど、少なく見積もっても給与の3カ月分はもらえるだろう。

とすれば、90万円にもなる。

これらを合計すると、**なんと180万円にもなる！**

具体的な数字にしてみるとよく分かると思うけど、「自己都合」で辞めるのと「会社都合」で辞めるのとでは、ものすごく大きな差がある。

解雇の正当性を争うことや、社会保険を活用するすべての可能性が「辞めます」と言った瞬間になくなってしまうのだ。要注意！

「退職届」は撤回できる

ここでミスってしまった人、すでに「退職届」を書いてしまった人のために補足しておこう。

この「退職届」は撤回することができるのだ。かなり苦しくはなるが、なるべく早く撤回する旨を書面かメールで伝えることで〝なかったこと〟にできる場合もある。

会社から「あなたの退職届を受けつけました」という旨が当人に伝えられていなければ、法律的にいえば、退職届はまだ受理されていないことになる。つまり、この時点では退職届を撤回するのは、そう難しくはない。

会社から「あなたの退職届を受けつけました」という旨がすでに当人に伝えられていれば、これはゴネるしかない。

よく分からないままに会社の言いなりになって同意してしまったこと、本心ではないことなどを主張してみよう。コミュニティ・ユニオンや日本労働弁護団に相談するのもひとつの手だ。

なんとしてでも「会社都合」で辞める

昨今のリストラでは、自分は働き続けたいのに会社が無理やり辞めさせる、明らかな「解雇」のケースが多い。ここでいう「解雇」とは、本来は「会社都合」退職であるのに、「自己都合」退職へ追い込もうとする、なんとも悪辣なクビの切り方のことである。

クビを切ることに対して、労働法はさまざまな条件を会社に課している。簡単にクビを切れてしまうと、働く人たちの生活がものすごく不安定になってしまうからだ。**かなり高いハードルをクリアしない限り、合法的に社員を解雇できない。**労働法では「正当な理由」のない解雇は認められないという立場を取っている。

だから、基本的に「解雇」は、争えば「無効」になる可能性が高い。契約社員や派遣社員、アルバイトなど「有期雇用」の場合でも、「無効」となることが多いものである。不当な解雇で精神的苦痛を負わせたという意味では、**もちろん「違法行為」でもあるのだ。**

だけど、ここで大切なのは、解雇が「違法行為」となるかどうかは、本人次第だということだ。

もし、「辞めてくれないか」と言われたときに「はい。分かりました」と答えてしまった場合、会社と社員との間には辞めることの「合意」が成立してしまう。そうすると、「会社都合」ではなく、「自己都合」で退職することになる。

会社が悪意を持っているときには、「自己都合で辞めてくれないか」「退職届を書いてくれないか」などと言われることもある。もしこれに同意して辞表や退職届を書いてしまうと、これも「自己都合」退職になってしまう。

これを聞いて「まさか！　自分は大丈夫！」と思う人も多いことだろう。そんな書類に自分がサインするはずがない、と。

でも、これまで私たちに相談に来た多くの人たちが、会社から急に辞めるように言われ、動揺したまま退職届を書いてしまった。会社から「おまえはウチに必要ない」とされた腹いせもあるだろう。「こんな会社、さっさと辞めてやる！」という具合だ。これはとんでもない罠で、会社としては辞めさせたい社員が自分から辞める気持ちになることを狙っているんだ。

みんなが思っているほど、会社は社員にやさしくない。**解雇の話を持ち出されたときには、会社が「違法行為」をしていると思って間違いない。**

会社の「辞めさせよう」という意図をハッキリさせて、「会社都合」で辞める方向に持っていこう。

解雇で辞めても、再就職では不利にならない

従業員をクビにするようなとき、会社側の人間は「解雇で辞めると再就職で不利に

なるから、自己都合で辞めたほうがいいですよ」と言ってきたりもする。**でも、これはとんでもない大ウソだ！**

ハローワークや都の相談窓口の職員によれば、「自己都合」で辞めるほうが転職の面接などで印象がいい、ということはあまり考えられないそうだ。むしろ〝勝手な人〟というイメージを抱かれかねない。

クビを臭わせたり、宣告したりされれば、誰でも〝あっぷあっぷ〟になってしまう。そういう弱みにつけ込んで、「解雇で辞めると再就職で不利になる」と信じ込ませようとするわけである。**「自己都合で辞めたほうが、あなたのためなんです。あなたのために言っているんです」などとやさしく言って、罠にかけてくるんだ。**

それまでいい感じで働けていたら、コロッと騙《だま》されてしまう人も多いだろう。でも、解雇で辞めても再就職の面で大きく変わることはないだろうから、「会社都合」で辞めさせるように持っていこう！

「会社都合」で辞めるテクニック

「辞めろ！」と言われたら、まず「私は辞める意思はありません」ということを伝えよう。そのうえで、「それでも、『辞めろ！』と言うのですか？」と確認しよう。そのやり取りをICレコーダーなどで録音しておけば完璧だ。

Eメールなどの文書で、同じようなやり取りをするのもいいだろう。それでも、相手が「もう会社には来るな！」と言った時点で会社都合での退職となる。

わりと簡単でしょ？

「会社都合」ではクビにしづらい

「会社都合」退職のハードルは高い。会社が人を雇った以上、辞めさせるにはそれなりの要件が必要になってくるんだ。
「会社都合」退職、すなわち**「解雇」が法的にOKとなるパターンは、主に3つである。**

1つ目は、「労働能力上の理由による解雇」。これは、病気やケガなどを理由とするものだ。しかし、「病気ならなんでもいい」というものではなく、仕事をするのに関係のない病気や、すぐに回復しそうな病気であれば、解雇の理由にすることはできないんだ。

また、**ノルマの達成など勤務成績を理由に解雇することも、改善の見込みがあれば、クビにすることは許されない。**

当然、働く人間には生活や将来があるのだから、「使えない」などと勝手に決めつけて解雇することはそう簡単にはできないんだ。

2つ目は、「労働者の行為・態度を理由とする解雇」。無断欠勤や遅刻、サボりなどが理由となるケースだが、これについても改善の見込みがあるのかどうかが問題となる。

勤務時間内にパチンコや麻雀、エステなどに行ったり、昼休みを勝手に何時間も取ったりしているような社員は、確かに問題だ。こういう社員に会社が指導をしてもどうしようもないときには、解雇を正当化できるんだ。

3つ目は、「経営上の理由による解雇」。これは、解雇理由にされることがもっとも多いもので、いわゆる「リストラ」だ。

「会社の経営が厳しいから」と言われると、多くの社員は「じゃあ仕方がない」と納得してしまう。相談を受ける中でも、「仕方ない」と経営者についつい同情してしまっている人が多い。

確かに、会社の経営自体が成り立たなければ、従業員への給与を支払い続けることもできない。

だが、「本当に仕方がない」というケースはとても少ない。

というのも、経営上の理由で解雇する場合には、4つの条件が必要だからだ。「人

員整理の必要性」「解雇回避努力」「人選基準の合理性」「労働組合・当事者との協議」のすべてが満たされていなければならない。このハードルはかなり高い。

「人員整理の必要性」とは赤字が何年間も続くなど、客観的に見て本当に必要性がある場合にのみ認められる。多くの裁判判決の例では、**赤字になる前から経営上の都合でクビを切ることは〝不当〟だと判断しているのだ。**

さらに、必要性があって、配置転換や退職金を上積みした希望退職を募るなど「解雇回避努力」をして、解雇される人の人選が合理的であったとしても、説明がじゅうぶんにされていない場合には、解雇できないんだ。

こんなにもハードルが高いから、会社が行う解雇は「違法行為」であるケースが少なくない。

雇い続けることができないほどの病気やケガ、能力の低さ、または勤務態度の悪さがあるという場合と、経営上本当にやむをえない場合以外は「会社が違法行為をした」というように主張することができるんだ。

そこで、**解雇された場合には解雇理由を問いただそう。**労働基準法では、「これに答えなければならない」としているから、解雇理由を聞き出すことができる。

解雇の理由が正当なものでなければ、解雇を無効にさせたり、賠償金を支払わせたりすることができるんだ。

出陣する〝覚悟〟を決める

会社が解雇をしてきた場合、責任を取らせるためには、手をこまねいていてもダメだ。いかに会社がルールを無視していようとも、誰かが助けてくれるわけではない。

それについては、**自分自身で争う覚悟をしなければならない。**国や第三者は手助けやアドバイスはできても、代わりに争うことはできない。弁護士だって、争う覚悟のない人の弁護はできないだろう。

解雇が「違法行為」となるかどうかは、当人がどこまで争うのかによって決まってくる。もし何もしなければ、会社はどんなにひどい違法行為をしている場合でも、なんの責任も取らなくて済む。

会社と争う覚悟を決めないことには、何もはじまらないんだ。**さあ、サクッと〝ケンカ〟をはじめてみよう！**

会社とのケンカ1～労働基準監督署に駆け込もう

まず、いちばんラクな方法は、労働基準監督署に駆け込むというものだ。

労働基準法では、1カ月前の解雇予告または1カ月分の解雇予告手当の支払いを義務づけている。

これを支払っていなければ、労働基準監督署に駆け込むことで会社に支払わせることができる。

これは労働基準法に定められていることなんだ。

まずは、電子メールや内容証明郵便など、確実な記録が残る方法で自分自身が請求をして、**それでも支払わない場合には労働基準監督署へ駆け込めばいい。**そこで必要になるのは、退職が合意的なものではなく、一方的な解雇なのだということを証明することだ。

でも、1カ月の給料分というのは、解雇という「違法行為」に対してやさしすぎるとは思わないだろうか？ **もっと厳しい罰を課してもいいのではないだろうか？**

実のところ労働基準法は、労働条件の〝最低限度〟を定めているにすぎない。国家が法律で守ってくれるのは、「最低ここまで」というきわめて低い水準でしかないんだ。

よくよく考えてみると、国家が個々人のやり取りに介入することはあまり考えられない。

実は、労働法のほとんどの部分が民事的な争い（＝個人間の争い）の規制にすぎない。**労働法の多くは、国家が強制的に守らせるものではなく、個人間の争いに対する〝ガイドライン〟にすぎないのだ。**

ちなみに、解雇予告手当をもらうだけでは納得できないなら、この解雇予告手当の請求はしないほうがいい。解雇予告手当の請求は、「これが支払われれば解雇されてもいい」という意思表示と受け取られかねないからだ。

解雇予告手当をもらうだけでは不満なら、「会社とのケンカ2」「会社とのケンカ3」で解雇予告手当分を上乗せさせて、取り返してやろう。

会社とのケンカ2～労働審判制度を活用せよ！

解雇が正当なものであったかどうか、「違法行為」であったかどうかは、**当人が会社と話し合ったり〝ケンカ〟したりして、ようやく判明する。**その結果次第で、賠償金をもらえたり、解雇を撤回させたりできるんだ。

この争いではいくら会社が悪辣であろうとも、国家は手助けしてくれない。だから、この先は国家の手助けナシで、自力で争うということを覚悟しなければならないんだ。

通常の裁判では決着がつくまでに何年もかかってしまうけど、労働分野には特別の審理制度がある。これは「労働審判制度」というもので、2006年から使えるようになったものだ。

この制度では、弁護士を代理人として、3回の審理で決着がつく。**専門家同士が話し合うため、きわめてスピーディーに話がまとまる。**数カ月で決着するから、裁判よりも圧倒的に早いんだ。

でも、この労働審判制度は裁判と違って、労働審判の結果は法的な強制力を持たない。ただ、専門家が出す結論であるから、**「裁判をやっても同じことになるぞ」と会社側にプレッシャーをかけるものになるんだ。**

まともな経営者なら専門家の判断に逆らってまで争うことはしない。**実際、労働審判の7割は和解という形で解決している。**個人で争う方法としては、現在もっともオーソドックスな方法である。

会社とのケンカ3〜ユニオンで争え！

第3の方法は、労働組合（ユニオン）に加入して行う「団体交渉」だ。団体交渉とは、労働組合と会社が〝対等〟の立場で交渉することである。

労働組合に加入して団体交渉を申し込んだ場合、会社はこの交渉を拒否できない。しかるべき会社の責任者が、誠実に交渉しなければならないんだ。

「団体交渉」は会社と対等な立場で徹底的に交渉することができる方法だ。**とことん争い、相手に「違法行為」の責任を取らせるには格好の方法なのだ。**

ここで注意しておきたいのは、**会社の中の労働組合ではなく、会社外のユニオンのほうがいいということだ。**前述したように、会社内の労働組合は、頼りにならないことが少なくないのである。

労働審判制度にしても、ユニオンで争うにしても、私たちPOSSEのようなNPO団体やコミュニティ・ユニオンなどに相談するといい。「どう動けばいいのか分からない」というような状況であれば、力になってくれることだろう。

証拠をサクサク集めよう

〝ケンカ〟となると、会社もいろいろな手を使ってくる。

経営状態が悪いことを示す書類を提示することにはじまり、勤務態度が悪かったことを同僚たちに証言させるようなこともあるだろう。

場合によっては証拠の隠滅《いんめつ》、捏造《ねつぞう》といったことも起こりかねない。職場で起きた問題だけに、現場を管理している会社は証拠の面で常に優位に立っているんだ。

そんなわけで、証拠集めは重要なポイントだ。これは裁判をする場合でも、労働組合で交渉する場合でも、どちらでも重要になってくる。

「証拠」というと何か決定的な、手の込んだものが必要だと思われるかもしれない。でも、これが意外と簡単に作れるんだ。

まず、自分自身が日記をつけているだけで有力な証拠となる。『しごとダイアリー』を使うのもいい（43ページ参照）。相手がウソをついてきても、これを証拠として対抗できるんだ！

この日記は、詳しければ詳しいほど証拠能力が高くなる。いつ、どこで、誰から、何を言われたか、などということを詳細にメモすることで、証拠としての力が強くなる。**細かく記録を取ることがポイントなんだ。**

また、**会社との電子メールでのやり取りは重要な証拠となる。**これはデータ上に記録が残るからだ。会社のアドレスでやり取りを行っている場合（解雇の後にアクセスできなくなる場合）、可能なうちにやり取りの記録をプリントアウトしたり、家のメールアドレスに転送したりするなどして、電子メールを保存しておこう。

さらに、場合によっては上司の発言などを**ＩＣレコーダーで録音する方法もかなり**

使える。「これは解雇ですか?」「解雇の理由は何ですか?」などというやり取りを録音しておけば、のちに会社がウソを言ってきたとしても、「証拠がありますよ!」と、対抗することができるのだ。

「内定切り」「試用期間」でもお金をもらえる

俗に言われる「内定切り」。これも不景気を反映してか、非常に多い。新聞やニュースでも話題になっているし、大学でも「内定切り」にあった人たちのために、留年する場合の学費を下げるなどして対応策を取っているところもあるくらいだ。

「内定切り」の場合には、内定を出した時点で会社と個人の契約が成立している。いつから働きはじめるのか、っていうのが4月からだというだけなんだ。

だから、この「内定切り」は原則的には解雇と同じ。今まで書いてきたようなことが、そのまま適用できるんだ。サクッと会社と〝ケンカ〟すればＯＫ!

また、最近、試用期間中の解雇も増えている。会社には経営上の都合があるのかもしれないけれど、いったん働く契約を結んだ以上、「それはないでしょ！」と思うもの。とんだとばっちりである。

ちなみに、試用期間での解雇や「内定切り」はふつうの解雇よりはラクにできてしまう。でも、それは、特別な場合に限ってだ。

その特別な場合っていうのは、試用期間の場合、

「実際に採用する前には分からなかった」

「ちゃんと働けない事情があったなんて知らなかったよ」

ということが発覚したときのこと。

試用期間中は、労働能力について試してみているわけだから、それ以外の理由でクビにすることはできないんだ。

入社するにあたって面接などをして採用しているのだから、だいたいは予測がつくはず。**基本的に、試用期間だからといっても、そう簡単に会社はクビにできないのである。**

「内定切り」でも、働くまでに卒業できなかった場合などは、合法的に「内定切り」できる。内定を出した段階では分からない事情が発覚したときに、はじめてクビにできるのだ。

実際に、最近の「内定切り」でも、ふつうの解雇ほどではないけど、賠償金を払うことなどで補償をしている。

「試用期間だから……」「内定だから……」と諦める必要はまったくない。ここまで書いてきた「会社とのケンカ」の話の中で考えて、動けばいいんだ。

エピローグ

ここまで見てきたように、労働法っていうのは意外と使えるものなんだ。労働法を使って、自分の身を守ることは、国から保障された「権利」といっても過言じゃない。

でも、この「権利」は放っておいても、誰かが勝手に守ってくれるものではないんだ。自分で労働法を使って動かなければ、何もはじまらない。

労働法を使うといっても、それは大きく分けて**3つの使用法がある。**

まずは、労働基準法で定められている〝最低基準〟のレベルを守ってもらうこと。

これは、国家が会社に義務づけていることを守らせる、という話だ。

残業代の不払いとか、解雇予告手当の不払いとか、労災補償とか、そういうものは労働基準監督署に行くなどして解決すればいい。

これも、自分で動かなきゃ解決できない。ただボーッと静観していても、何も変わりはしないんだ。

2つ目は、自分で裁判をやって、会社と争えるということ。国とは関係ないレベルの、民間レベルの話で、自分たちで社会のルールを作っていけるんだ。

これは、法的にはグレーの部分を明らかにしていく、ということである。会社が違法行為をしていても、争わなければなんの罰も与えられないのだ。

たとえば「解雇」。これは本当に曖昧なもので、何が正しい解雇で、何が不当な解雇なのか、争ってみないと分からないものである。

常にグレーゾーン。それは、なんでかというと、「この市民社会では、みんな自由に行動していい」と決まっているからなんだ。

自由に経営していいし、自由に働いていいわけ。

でも、「どんなことをやったらダメなのか」「何が正しいのか」という部分は、話し合いの中でしか、あるいは争ってみなければ、何も分かってこないんだ。

これが自由主義社会なんだ。

これまでの〝ルール〟というのも、裁判などで争った結果できあがったもの。何がよくて、何が悪いのかが、法律にも刻み込まれているんだ。

争わなければ、その法律がとんでもない代物になってしまうかもしれないし、逆に「何したっていいんだ」という法律やルールが作られていってしまうかもしれない。

どんどん労働法が改正されて、解雇しやすくなってきたのは、争う人が少なくなってきたというのも理由のひとつなんだ。

だから、争うことで、会社にスジを通してもらい、ルールをきちんと守らせていけるんだ。


3つ目は、現時点の法律、現時点の〝ルール〟よりも、さらに上の〝道徳〟を実現していこう、実現していけるということだ。


労働組合を使って交渉していくことによって、「日本社会のよい産業やよいルール、よい道徳を、もっともっと作り出していきましょう」というわけだ。

本来、「これが正しい」なんてものは、この世の中に存在しない。

だけど、一人ひとりが交渉したり、主張したりしていくことによって、世の中の道徳やルールが決まってくる。これが市民社会なんだ。

そういう意味で、**労働法というのは、まさに市民社会のアリーナなんだ。**

だから、話し合ってみる、争ってみる。それによって、いろんな可能性が出てきて、よりよい道徳が生まれてきたりするわけだ。

個人のレベルだったら裁判、もっと社会的なレベルになったら労働組合。

それらによって、ルールを作り変えていこう、ということだ。

そして、労働のルールを作り変えることによって、社会のあり方が変わってくるんだ。

たとえば、欧米だと、「賃金を下げるのではなく、もっと技術革新していくことによって競争しよう」「環境や福祉については、たんに競争するだけでなく、もっと大きな枠組みで考えましょう」などという社会になってきている。

でも、日本では、「もっともっと賃金を下げることによって、競争しよう」という社会になってきている。

なぜかというと、それをやってもいいという法律、ルール、道徳に、この世の中がなってしまっているからなんだ。

だから、労働基準監督署に駆け込むことや、裁判、労働組合などによって雇用のルールを争うことは、**社会のありようを変えていくことにもつながっている。これが、労働法の魅力でもあるんだ。**

今までの日本の労働社会の規範やルールというのは、終身雇用、年功序列に代表されるような、ひとつの会社に入ったら一生面倒を見てもらって、賃金がどんどん上がっていくという仕組みだった。

そういう仕組みが、今なくなってきている。

でも、ごく一部の人たちはいまだに、終身雇用、年功序列、賃金が上がっていくという仕組みの中で守られているんだ。

ごく一部のデカい会社の、ごく一部の正社員だけがその恩恵に与《あずか》っていて、派遣労働者が働く現場や新興のIT企業などのところは無法状態。**なんのルールもないような状況が広がってきていて、ワケが分からなくなっている。**

既存の法律すら守らない。「それでもいい」というルール、道徳になってしまっているんだ。一番象徴的なのがブラック企業。ブラック企業ではルールも道徳も無用。やりたい放題になっている。

そうした中で、交渉する権利、つまり「労働組合法」というのは、働く人たちにとって本質的な権利なんだ。

「労働者の総下流化」などと最近よく言われているけれど、単純に「労働者の総下流化」が進行していっているわけではない。会社との話し合いや交渉をしないから、そうなっていっているんだ。

終戦後、日本では終身雇用、年功序列という企業ごとの仕組みを作った。大きな問題を孕《はら》んではいたけれど、多くの人にとって納得のいくものだった。でも、今はそれが崩れているのであれば、**新しい社会のルール、道徳を作らなくてはいけない。**これが、今まさに私たちに求められていることなんだ。

労働法というのは、たんなる法律でも、たんなる権利でもなくて、**交渉していくことで決まってくる道徳の〝卵〟なんだ。**

市民社会というのは、常に無地のキャンバスみたいなもの。

どんな色を塗るのかは、あなたがどう行動するか、どう交渉するか次第。

その行動、交渉するときのツールが労働法なんだ。

だから、これを使って、**市民社会のキャンバスを塗り替えていく。**

昔に作られたルールがぶっ壊れて、「野蛮」な状態になってしまっているのだったら、その「野蛮」な状態の市民社会に、**「文明」の絵を描いていく。**

そういうことを、これからやっていく時代に来ているんだ。

行政機関に相談する

＊労働基準監督署

下記の WEB サイトにて全国の労働基準監督署の連絡先を案内している。

HP: http://www-bm.mhlw.go.jp/bunya/roudoukijun/location/html

＊労政事務所

東京都の場合。各県の HP よりアクセスできることが多い。

HP: http://labor.tank.jp/i/data/03rousei.htm

弁護士に相談する

＊日本労働弁護団

労働問題を専門的に扱う弁護士の団体。労働相談を無料で受けつけている。

☎03-3251-5363　HP: http://roudou-bengodan.org/

＊過労死110番

過労による疾病や死亡などについての労災補償の相談を受けつけている。

☎03-3813-6999　HP: http://karoshi.jp/

NPO に相談する

＊NPO 法人 POSSE

本書の著者、今野晴貴が代表を務めている。

☎03-6699-9359　email: soudan@npoposse.jp

HP: http://www.npoposse.jp/

＊NPO 法人 自立生活サポートセンター・もやい

生活困窮者に対して、生活保護など公的支援につながるためのサポートをおこなっている。電話での相談は火曜日（12～18時）と金曜日（11～17時）のみ。

☎03-3266-5744　email: info@moyai.net

HP: http://www.moyai.net/

労働相談電話帳

労働組合に相談する

＊コミュニティ・ユニオン　全国ネットワーク
地域社会に密着している労働組合の全国組織。
☎03-3638-3369　email: shtmch@ybb.ne.jp
HP: http://www.geocities.jp/shtmch/

＊首都圏青年ユニオン
☎03-5395-5359　email: union@seinen-u.org
HP: http://www.seinen-u.org/

＊全国一般東京東部労働組合
東京都の東部で働く人であればこちらへ。歴史の長い、地域の合同労働組合。
☎03-3604-5983　email: info@toburoso.org
HP: http://www.toburoso.org/

＊女性ユニオン東京
働く女性のためのユニオン。☎03-5491-5450
HP: http://www.f8.dion.ne.jp/~wtutokyo/

＊日本労働組合総連合会（連合）
☏0120-154-052
HP: http://www.jtuc-rengo.or.jp/

＊全国労働組合総連合（全労連）
☏0120-378-060
HP: http://www.zenroren.gr.jp/

＊全国労働組合連絡協議会（全労協）
☏0120-501-581
HP: http://www.zenrokyo.org/

この作品は二〇〇九年六月にイースト・プレスより刊行された
『マジで使える労働法』を改題し、加筆・修正をしたものです。

幻冬舎文庫

●最新刊
交響曲第一番
闇の中の小さな光
佐村河内　守

聴力を失い絶望の淵に沈む作曲家の前に現れた盲目の少女。少女の存在が彼を再び作曲に向かわせる。深い闇の中にいる者だけに見える小さな光を求めて——。全聾の天才作曲家の壮絶なる半生。

●最新刊
ガラスの巨塔
今井　彰

巨大公共放送局を舞台に、三流部署ディレクターが名実ともにNo.1プロデューサーにのし上がり失墜するまで。組織に渦巻く野望と嫉妬を、元NHK看板プロデューサーが描ききった問題小説。

●最新刊
僕は自分が見たことしか信じない
文庫改訂版
内田篤人

名門・鹿島でJリーグを3連覇し、19歳から日本代表に定着。移籍したドイツでもレギュラーとして活躍。彼はなぜ結果を出せるのか。ポーカーフェイスに隠された、情熱と苦悩が今、明かされる。

●最新刊
カラ売り屋
黒木　亮

カラ売りを仕掛けた昭和土木工業の反撃に遭い、窮地に立たされたパンゲア&カンパニー。敵の腐った財務体質を暴く分析レポートを作成できるのか？　一攫千金を夢見る男達の熱き物語。全四編。

●最新刊
過去を盗んだ男
翔田　寛

江戸湾に浮かぶ脱出不能な牢獄に、身分を偽り潜入する男達。狙いは幕府の埋蔵金。彼らは見事、大金を奪い脱出できるのか。乱歩賞作家が描く、はみ出し者達による大胆不敵な犯罪計画。

幻冬舎文庫

●最新刊
高原王記
仁木英之

無敵の盟友として高原に名を馳せた、英雄タンラと精霊ジュンガ。しかしかつて高原を追われた元聖者の術により、タンラの心は歪められてしまう。世界の命運と、二人の絆を賭けた旅がはじまった。

●最新刊
義友《ぎゆう》　男の詩
浜田文人

神俠会前会長の法要の仕切りを巡り、会長代行の松原と若頭の青田が衝突。青田は自らの次期会長就任を睨み、秘密裏に勢力拡大を進めていた……。極道の絆を描いた日本版ゴッドファーザー。

●最新刊
野菜ソムリエという、人を育てる仕事
福井栄治

安全で美味しいものを食べてもらいたい。その一心で起ち上げた日本野菜ソムリエ協会は、今やブランドとして確立されるまでに。野菜に人生の全てを賭けた男の生き様と信念がここに！

●最新刊
代言人　真田慎之介
六道　慧

明治二十年。望月隼人は、代言人・真田慎之介の事務所に出向く。数々の難事件を解決し名を轟かす真田は、極端な変わり者だった——。明治のシャーロック・ホームズが活躍する、新シリーズ！

●幻冬舎時代小説文庫
船手奉行さざなみ日記(二)
海光る
井川香四郎

船手奉行所筆頭同心の早乙女薙左は「金しか食わぬ鬼」と評される両替商の主の警護を任されていた。しかも、ある幕閣がその男の悪事に加担し私腹を肥やしていたと知り……。新シリーズ第二弾。

幻冬舎時代小説文庫

●最新刊
星の河
女だてら　麻布わけあり酒場9
風野真知雄

南町奉行・鳥居耀蔵を店から追い返して以来、落ち着かない小鈴。日之助が盗人・紅蜘蛛小僧だという鳥居の指摘が胸をざわつかせる。そんな小鈴にさらなる悲劇が——。大人気シリーズ第九弾！

●最新刊
加藤清正　虎の夢見し
津本　陽

この武将が生き永らえていれば、豊臣家の運命は変わった——。稀代の猛将にして篤実の国主。徳川家康がもっとも怖れた男の、激動の生涯を描く傑作歴史小説。津本版人物評伝の集大成！

●最新刊
剣客春秋　縁《えにし》の剣
鳥羽　亮

残虐な強盗「梟党」が世上を騒がす中、彦四郎の生家である料理屋・華村を買収しようとする謎の武家が出現。千坂一家はいまだかつてない窮地に立たされる。人気シリーズ、感動の第一部・完！

●最新刊
甘味屋十兵衛子守り剣3
桜夜《さくらよ》の金つば
牧　秀彦

十兵衛は家茂公の婚礼祝いに菓子を作ることになった。遥香と智音を守る助けになればと引き受けたが、和泉屋も名乗りを上げ、家茂公と和宮が優劣を判じることに……。大人気シリーズ第三弾！

●最新刊
吉原十二月
松井今朝子

大籬・舞鶴屋に売られてきた、ふたりの少女。幼い頃から互いを意識し、激しい競り合いを繰り広げながら成長していく。苦界で大輪の花を咲かせ、幸せを摑むのはどちらか。絢爛たる吉原絵巻！

ヤバい会社《かいしゃ》の餌食《えじき》にならないための労働法《ろうどうほう》

今野晴貴《こんのはるき》

平成25年6月15日　初版発行

発行人――石原正康
編集人――永島賞二
発行所――株式会社幻冬舎
〒151-0051東京都渋谷区千駄ヶ谷4-9-7
電話　03(5411)6222(営業)
　　　03(5411)6211(編集)
　　　振替00120-8-767643
印刷・製本―中央精版印刷株式会社
装丁者――高橋雅之

幻冬舎文庫

ISBN978-4-344-42026-7　C0195　こ-34-1

幻冬舎ホームページアドレス　http://www.gentosha.co.jp/
この本に関するご意見・ご感想をメールでお寄せいただく場合は、comment@gentosha.co.jpまで。